Elegía de los gusanos

Edmundo Juárez

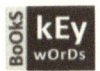

Elegía de los gusanos
Edmundo Juárez

Segunda edición: enero de 2021.

Portada: *"Atardecer", de Mario M. Ávila*
Notas: *Cynthia Alarcón Múgica*
Correcciones: *Mariana Hadid.*
Edición: *Rodrigo Stealder*

©*Edmundo Juarez Cadena*
ISBN 979-8604821268

D.R. ©2021
Key Word Books

Impreso en España, Printed in Spain

Elegía de los gusanos

Edmundo Juárez

*Para Alicia Vidales
generosa la vida conmigo.*

*A Cynthia Alarcón Múgica
y Mar De La Cruz,
hermanas siempre.*

Para Raphael Van Herpen
aguerrida Ixmucane.

Y para Edaena Mata,
Marlene Escandón, Karina Gidi, Alejandra Arias
y por todas las voces que hablan por otras voces,
como las de aquellas mujeres
que escuchan hoy
los derrumbes de la ciudad
sobre sus cuerpos,
desnudos.

¿Qué cosecha un país que siembra cuerpos?

introducción

Pongamos que,
todas tienen alas y desaparecen en el cielo
no en los cementerios, que todas hablan tan fuerte
como estrépito de tormenta y no existe el silencio

Edmundo Juarez.

Leer el libro de Edmundo es un acto experimental que implica todos los sentidos. Puedes escuchar las aguas correr, las voces entrecortadas y los gritos del silencio. Su título ya es una plegaria, *Elegía de los gusa*nos, la voz después de la voz visita tus ojos, tus manos, cuando pasas de página en página elucubrando paisajes extrañamente conocidos y no por eso menos sórdidos, punzantes.

En este poemario la gramática está en función del murmullo, juega, susurra la paloma que vuela de noche, las palabras de la mujer que es semilla y se siembra a sí misma para recubrir la tristeza que existe por debajo de las flores, de la tierra y el clamor de una familia fragmentada. A veces, es preciso cantar para advertir que está llorando el corazón con la fuerza del sueño y la muerte.

El autor descubre quién es el enemigo del tiempo, quién es el que viola la oscuridad de la luz ¿Qué es la luz? ¿La sangre que habla? ¿La sangre que escucha cuando el motor de la vida es apagado por un martillo de misoginia y brutalidad?

Edmundo muestra al lector la ausencia que abraza a todo el que siente, que los cuerpos se acomodan entre los muertos, que todos estamos, de alguna manera, muertos cuando el amor no basta para aguardar la suavidad de la espera que empieza y termina con la misma muerte.

Sin embargo, en esta obra no sólo encontraremos una acepción denotativa de la muerte, sino al mismo amor que muere en manos del hombre, el amor del que es diferente por mirarse diferente, que se juzga así y es solamente libre cuando se convierte en alimento de gusanos. Como lo dice el autor "eran diferentes / gusano y mariposa, / par de cartas que anunciaban los malos presagios (...) y mariposa un par de maderas cruzados / disgregados / perdidos en cualquier parte / entonces fueron noticia / y luego / fueron gusanos para otras aves".

El poeta nace, muere y resurge de la nada para hablar de la tiniebla que ha visto, para hablar de la vida que no llega a ser vida, de la mujer que se consume antes de ser madre, de ese útero que vomita fuego, tal como lo dice "extendió los brazos para / contener un alud que emergía de su vientre / no había azúcar en la sangre / ni palpitar de arteria (...) otra mujer observó con desprecio / a la parturienta que intentó sujetarse de todo / del blando cráneo sin cabellos de esos huesos aún cartílagos".

El amor puede si quiere arrojarse de un cuarto piso, porque quizá no es amor, porque tal vez nunca pudo mirarse el rostro, la pureza, porque "en la oficina inicia la vida y ahí mismo termina", porque "la sal de los suicidas es apenas salitrillo para los jefes", porque "una pluma fuente es cuchillo líquido que rompe la rutina en brisa de la tarde". Edmundo hace que las palabras vuelvan a su raíz y que el lector se atragante en su silencio como una esponja que no termina de absorber el vacío. Estamos en el interludio de la comedia de la vida y somos observados por el silencio que es "sucio como el jadeo de cerdos".

La mujer también puede secarse en su temblor, ser madre únicamente de sus ganas, presentir que grita y se mueve que "el vértigo de tormenta" vive "bajo el vestido de azules flores". ¿Qué más podría decirse si la palabra es sólo un vehículo donde el ruido es igual que la nube camina sin ser notada?

Para el autor, la mujer es alimento de tiernas larvas porque "ahí, donde la tierra nos reclama / se desvanece de tu nombre el miedo: / mejor composta que naturaleza muerta / mejor hoja que separe hojas y sueños".

Y, ¿qué hay de la muerte voluntaria, esa a la que vamos gustosos? Edmundo lo vislumbra: "el amor como una atarraya no atrapa / uno es quien se arroja a su voluntad a la quilla del barco tiburonero / gustosos entramos al zurrón / él da dos vueltas al cerrojo", y entonces ya no hay escapatoria, o acaso no queremos que la haya.

Por otro lado, encontramos también poemas, fragmentos que aluden a ese Dios creador que a modo de capricho pueril arroja a los hombres al mundo que "se la pasa / inventando cosas para maravillarse de si si mismo / y de vez en vez / cuando observa a las flores que nacen de la nada / se sorprende como si fuera un niño".

Sin mayor preámbulo, invito al lector a que se aventure en esta *Elegía de los gusanos* que canta por el silencio de la sangre y su implicada vida, que canta por la mujer y su cuerpo extraviado en algún lugar lejos de la justicia, lejos del amor y la luz que merece, que canta por un dios que es más humano que dios, que canta por las cosas y los gatos porque la vida comparte su misterio con la muerte, porque la lluvia nos aguarda y cae y "escupe plumas en todas direcciones / nosotros / los pájaros negros / necesitamos que hagas llover nuevamente".

Cynthia Alarcón Múgica

Villahermosa, Tabasco,
enero de 2020.

Un estallido

y cayó en picada,

desde lo más alto de los árboles,

una cascada de pájaros azules

un canto feroz de guacamayas

–*silencio* –dije –*un ave dormita en tu sombrero.*

Afuera helaba

adentro

mi beso retumbó en tu tórax cual pico de carpintero,

bajaba y subía como parvada de mariposas

desde la garganta

hasta el intestino grueso.

El polvo de alas formó otro río

uno rojo que recorrió toda la carne magra

y antes del silencio

escuchamos un rítmico rechinar de zapatos

de la puerta del baño hasta su–mi corazón

y de regreso.

La vida llegó a nosotros colocando en los ojos

ya negros

un velo azul

no cielo

neón

e iluminó también una ola espumosa, blanquísima,

que emergió dos veces de la boca de tu ciudad

mi ciudad   nuestra   de ambos.

El océano de tus labios menores

amarga ola de sal intenso

hola de mar amar un mar tu mar

eclipsó en la regadera,

empañó el espejo inundó la duela

empapó los surcos en la sábana

ahí donde sembramos besos para cultivar buganvilias.

Esperamos a diario el tiempo para columpiarnos

en gruesas ramas cuando el bonsái fuera arbusto

cuando estuviera listo el nido,

azules tus alas alimentándose con el fruto de mi corazón,

pero sonó el reloj su alarma

y el cielo se cubrió de lo cotidiano

dejando sobre la cama dos líneas rectas.

Lloramos y cantamos,

silbamos,

nosotras fuimos aves

y el mundo un amante desconocido.

Al cerrar la pequeña puerta

otro estallido

los elementos selváticos en mí, su,

nuestra sangre músculos vísceras se liberaron,

no en un frio océano listo para recibir el naufragio

si, en el estero de las mariposas sin playa.

Y subimos al taxi cual barca que navega un sueño,

y Corazón se contrajo con fuerza

arropada de un nuevo sentido.

Pongamos que

todas tienen alas y desaparecen en el cielo
no en los cementerios.
Que *todas* hablan tan fuerte como estrépito de tormenta,
y no existe el silencio.

¡Que nadie beba del río donde beben los cerdos!
(sus quijadas devoran las palabras que tienen flores).

Pongamos alas a *todas* para que mueran peleando
y no abortando o atisbando el fogón de las tortillas
que *todas* se bañen nuevamente con agüita de lluvia
o barro,
para salvarlas de la cama
de las canas
de la flacidez del furioso enemigo
que seguirá molestando cada vez que *todas*
se vistan, griten y caminen por las sucias calles
en la ciudad de los violadores.

La obscuridad libera

a la ciudad a las seis cuarenta y cinco de la mañana

el agua en la bañera se derrama

el autobús llega tarde,

las nubes avanzan en cámara lenta.

El reloj detiene su marcha cuando el cielo

se cae a pedazos

un "palo de lluvia" en su cabeza y en sus oídos

alarmas   crujidos.

La universidad se cubre de roja neblina

y un avión de papel huye por la ventana,

las luces de emergencia,

la ambulancia

Pamela entiende que una

se puede ahogar con su propia sangre,

ahogada de silencio,

por ello levanta sus delgados brazos,

para ver las múltiples heridas,

observa un hilo de sangre

cual brigada feroz de hormigas

que hace fila hacia la calle

que mordisquea la venda que ata sus pies

y esos nudos

le dan la libertad de no poder hacer nada.

Cierra los ojos

sus mejillas frías,

intuye que no hay calor bajo los escombros.

Y madre tierra la recibe

con un baile tenebroso

para acomodar su cuerpo entre los muertos

desnudos de todos.

Jacinta mira

Inmóvil el amanecer:

todas las milpas le saludan

al ritmo del primer silbido de la mañana.

Estira la playera para cubrir sus piernas del frío,

de los mosquitos que despiertan hambrientos

y de las hormigas rojas que soportaron,

igual que ella

una noche con el estómago vacío.

Las ovejas adoptan un movimiento circular a su alrededor, rumen despacio, como si murmuraran un rosario y luego la cuerda, el nudo, un árbol. El silencio aromático de hierba y barro gotean de sus pies descalzos. El viento que mece su cuerpo. El rebaño espera, espera, no tiene prisa, ellas tienen comida y mañana, mañana será otro día.

Mariposa empezó a

enamorarse en agonía,

antes de la hostia

y de la primavera

le obligaron a tener amor,

su lengua se defendió ferozmente zigzagueando

saliva en todas direcciones.

La vida es un juego,

ella apostó amor

y ganó silencio.

Cerró los ojos

dio un profundo suspiro

y confió su vida a los pecados

que no le temen a la noche.

Terminó la vida un

lunes que Domingo despertó en su cama.

Se puso lentes obscuros
y salió al balcón para mirar la calle.
mucho sol pocas nubes,
afuera parecía de noche
adentro eran las tres de la tarde.

Debajo de su blusa
el pezón erguido emanaba tejido lácteo
quería amamantar a la ciudad
gota a gota
al mundo entero.

Tres mariposas tatuadas en su espalda
al escapar fracturaron el cristal de la ventana
al estirar sus alas impacientes,
un abrazo
un beso
un disparo,

un rio de leche llegó hasta el pavimento

y ahí

 tres pisos más abajo

llegó más noche

esa noche

previa su cumpleaños.

Eran diferentes:

gusano y mariposa,

par de cartas que anunciaban los malos presagios.

Siempre las veían en la misma cosa

coincidían en las mismas palabrotas.

y el mismo castigo:

tres horas de catecismo

y la casi expulsión del mismo

cuando las descubrieron besándose

detrás de la sacristía,

aun con ello

vistieron de blanco en la primera comunión.

Compartieron en escuelas diferentes

el mismo lugar en el cuadro de honor

y después de una década de coincidencias

coincidieron la tarde de cada viernes

en amoroso arrullo de Dios,

cuatro horas

y se volvían cada una hacia la calle,

ave y mariposa caminando del brazo

bajo una lluvia donde se pierde

la noción de cómo se hace de noche

El día no terminaba

al apagar una lámpara incandescente,

al detenerse el trasporte

o la vibración del auricular en el teléfono.

Nada era imposible para ellas.

–Yavè está en los detalles–

repetían antes de silbar el "padre nuestro".

Eran como un par de dados

que siempre coincidían en los mismos lados

un mismo zapato para andar el mismo día

eran felices cuando no eran de nadie,

ni de ellas

cielo y tierra sin nada ni nadie,

solo diferentes

hasta que Destino

agitó sus brazos rojos sobre sus cabezas,

entonces mariposa fue rezandera

y gusano un par de maderos cruzados,

disgregados

perdidos en cualquier parte,

entonces fueron noticia

y luego,

fueron gusanos para otras aves.

Pensó en hacer una

una fiesta de colores en su corazón,

pero el destino depositó en su vientre un Azul

no de mar, de soledad,

desesperanza que al soltarse de la vaina,

bramó emitiendo un trazo rojo

de brocha circular en su himen

y Azul salió para reparar luces fundidas del corazón,

pabilos a medio encender

cerillas con sed de flama.

Y Azul soñó con texturas de otras tierras

para remendar los hoyos del camino,

tierra para arar con los diminutos pechos de su madre

surcos para sembrar el olvido.

besos que sólo los huérfanos pueden sentir

de amor que no se explica

amor que incomoda los puristas.

Azul atrapó del tiempo sus manecillas en reversa

y en el silencio del reloj

mojó sus pinceles para retratar aquello que sueña

que siente

que le atrapa

y celebra.

Azul en vez de corazón tenía un sello

que impregnaba cada segundo de la vida

una vida que desprendía un aroma de violetas

de jazmines

de mil flores donde nunca identificó

la madurez de las rosas

la violencia del cempaxúchitl.

Asoma los

senos por la ventana

apenas cerrillos en busca de sol

ofrenda para las aves,

Le acecha el amor suspendido

en el follaje blanco de la mañana,

acecha el orgasmo,

vacilante viene

humus de mi cuerpo al humus de su vientre,

Eres ofrenda para las caracolas,

algo que nace para contemplarse,

el planeta gira para encontrar tu sombra y alargarla,

círculo perfecto

tu falda su alimento

la vía Láctea su calle,

y ese tenue brillo de sus ojos

es la esperanza de vida que de su mano derecha

nos sostiene.

Una vez el

alfarero modificó la estructura de la arena mojada
le impregnó la espuma rojiza de sus pulmones.

¡Qué bueno es Dios que se reproduce a sí mismo,
en nuevos ojos para los ciegos
líquido que sacie al sediento,
recipiente virgen para las flores!

Una vez supimos que, en la muerte,
también llueve.

Extendió los brazos para

contener un alud que emergía de su vientre
no había azúcar en la sangre
ni palpitar de arteria.

El útero vomitó espuma en vez de fuego
arcilla en vez de acero.

Otra mujer observó con desprecio
a la parturienta que intentó sujetarse de todo
del blando cráneo si cabellos
de esos huesos aún cartílagos
de ese cordón umbilical prendida a la carne
convertida en un instante,
en carroña.

En turbio espejo la

mirada de Madre
registra en su espalda el inicio del tornado,
de sus ojos emerge aceite de palmera.

En turbio espejo
observa su largo cabello
quebrado como fondo de laguna en tiempo de sequía
ahí puede sembrar todo
y usa el arado de viento que se dibuja sobre el agua,
vientre de jagüey sin peces,
esqueletos que arrastran los malos presagios

Silencio, que ya duerme...
Emerge del sueño un ramillete de gusanos,
un pescador los ata al extremo del hilo en la caña,
el cebo no se defiende,
se mueve con furia
no puede
y es arrojado a la boca de los furiosos peces.

¡Madre, despierta!

el vientre ahora es mar encrespado,

espejo quebrado que refleja la tormenta,

calla los murmullos de tumba aventando piedras

el fondo de la fosa marina,

y sangra

todo sangra

sus manos

su crio

su vientre rentado

sus penas.

Hay un

vaivén de mar que suele llamar a los suicidas

morse líquida que puede nacer en la bahía

en un estero

en un estacionamiento

en los charcos de tu ciudad cuando arropa la tormenta.

Hay una caricia de mariposa negra que viaja

por todo el planeta,

en el subterráneo

en los cuerpos lagunares,

a veces oscila

a veces trepita

pero llega en el momento exacto para que la percibas

y te mire a los ojos

haciendo sentir un crepito de roca,

en todo tu cuerpo

Hay caricias de viejo ciper de pantalón vaquero,

que atrapa la carne blanda

y suben contigo por las escaleras del edificio.

crujen las escaleras

mueven la cama en feroz arrullo.

Hay un silencio,

sucio

como jadeo de cerdos,

que sube por el elevador en tu trabajo

mueve su escritorio

firma la nomina

te giña un ojo

y provoca que cada viernes

te tiemblen las piernas, de miedo,

y él te observa con ojos desorbitados

observa

siempre,

te observa.

Su lengua se

mueve con un ritmo de alas de mariposa,

tu corazón choca con furia

su sangre contra las aurículas,

presiente un hemático naufragio:

sabes que a diario él te saluda

con la misma mano que fabrica

la espuma salada de los muertos

no aquella que brota de los pulmones

sino de una entrepierna bañada en lubricante,

mar salvaje que hace el amor con las rocas del precipicio.

En tu oficina inicia la vida

y ahí mismo termina,

vaivén infinito,

vuelan mil hojas sobre tus tatuajes

la sal de los suicidas es apenas salitrillo para tu jefe.

Una pluma fuente es cuchillo líquido

que rompe la rutina en brisa de la tarde.

¡Hay de tu carne magra

que pesa lo mismo que un grano de arena!

y tú, la nueva,

      guardaste silencio

eras playa virgen,

      húmeda e intacta

      guardaste silencio

por eso saltaste desde el cuarto piso

cual pez que escapa de la tarraya

      todos guardaron silencio

los peces suicidas son olas vivas.

"Nada extraño", dice el memorándum

siempre hay alguien diferente

que se dará tiempo para escuchar

el silbido de las caracolas

o del romper de olas

que brotan cuando se abre un estómago.

Vi salir del

del vientre de una mujer abandonada

lo más parecido el amor,

ese amor que atraviesa ferozmente el corazón

de sur a norte

de un pueblo a otro

de la sonrisa al espanto

amor de cuna y de ataúd en doloroso orgasmo,

canción de cuna entonada con murmullo de granizo

Esa mujer cada mañana

salía al ardiente abrazo de la calle

ataba a su cintura un ramillete de cordones umbilicales

y sobre los hombros la inexperiencia de joven madre

que andaba con pies descalzos

la tarea de sobrevivir la vida

enfrentando la malo costumbre

de comer tres veces al día

A esa mujer apenas le desaparecían

los dolores del vientre

y ya le nacía otro hijo

jauría hambrienta de estómagos

que hacían crujir las tripas en hermandad.

Vi y bebí de esa mujer su abrazo lácteo

y su nombre que edificó un hogar de piedra

usando por cimientos solo recuerdos.

Esa mujer dejaba las ventanas abiertas para que entrara

la luz de los evangélicos,

de los mormones, de los cristianos, de los gnósticos,

de los ateos,

de Juanito el curandero.

Y una tarde

agregó la palabra "bisnieto" en su diccionario,

le cambió el estropajo negro en la cabeza

por mechones de pelo blanco

y Dios le dio palmaditas en la espalda

para decirle que del universo

el tiempo de una vida no basta,

y se fue muriendo poco a poco

pensando que el universo fue apenas

una pequeña aventura.

Al abrir la puerta

una mariposa negra les dio la bienvenida.

Quizás se incomodó al presentir su temor

su temblor de rodillas,

pero no emprendió vuelo

a pesar de los celos por la roja cabellera.

Cuatro horas.

y del espejo avanzó al resquicio de la ventana,

ellas recorrieron de la cama sus orillas,

y por más que gritaron

que movieron los brazos

mariposa no izó el ancla,

parecía que esperaba,

inquieta

a que esas lenguas saborearan su larga espera

Al abrir la puerta,

la mariposa negra dispersó sus alas sobre el destino

y salió a la misma velocidad que los vehículos

lento

de tan lento su vuelo

que aún permanece en ella,

el vértigo de tormenta

bajo el vestido de azules flores.

Abrió los ojos a la

misma hora, pero estaba en el suelo

y no en su cama

el vértigo o quizás la palidez en su carne

le obligó a no levantarse,

estiró su brazo izquierdo para alcanzar el vaso que,

visto desde abajo sobre la mesita de cristal,

parecía estar lleno,

levantó un poco la cabeza para beber,

tosió y una erupción de sangre brotó de su boca,

lo último que vio, fue a Job,

su jefe.

El gerente del banco estaba sentado

en la orilla de la cama

imaginó que un temblor de hielos provocaría

un tsunami en ese mar de wiski.

Sonrió, alzó los hombros, ahora estaba solo,

bebió el resto del líquido,

colocó sandalias a sus pies

y antes de salir a la calle

apretó la tetilla derecha de ese cuerpo desnudo.

Afuera

había mucho ruido,

muchos autos

muchas nubes,

era lunes,

eran las nueve de la mañana

y la paloma que se estrelló

en el parabrisas de su vehículo

le recordó que había

muchos pendientes importantes

por resolver en la oficina.

Cubría sus

ojos y atrapaba las tiernas hojas
de los árboles en otoño,
esperaba que cualquier vientecillo
las hiciera soltar la mano de la madre rama.

Al desbordar de hojas sus manos
colocaba la espalda en el lugar más alejado del cielo,
se sentía una hoja
pero en ella se anticipó el otoño
terrible estación para esa gente inmadura
que le gusta morirse en primavera.

Trascurría el tiempo de

aves negras, de cuando el aire

atrapado en las entrañas de los mares crustáceos

se libera.

Gota primera,

pequeña hinchazón semicircular que navega libremente

de la ciudad la superficie acuosa

nada la detiene.

impacta contra el ardiente polvo de los dientes.

El vapor de mar arrastra el viento sucio

y produce diminutas explosiones en la cabeza,

crujir de grillos pétidros,

voces de humedad en las paredes,

no es agua, solo es hidrogeno/dos/oxígeno/uno

frágil naturaleza que al soltarse de la mano de Dios

se transforma en cirios multicolores,

y para él, ninguna ausencia es sinónimo de muerte,

solo una diminuta pérdida en el stock del universo.

Desciendes lento mientras

las mariposas del estómago caen en picada
eres maga, apareces gusanos de la nada,
hormigas escaladoras
que llegan desde la copa de los arboles
        hasta el fondo de la posa.

Eres tierna madre que alimentas a las tiernas larvas.

Ahí, donde la tierra nos reclama
se desvanece de tu nombre el miedo:
        mejor composta que naturaleza muerta
        mejor hoja que separe hojas y sueños.

Tres semanas y estarás en lo más alto de los árboles
tomando un baño de sol en la tarde,
tus besos distribuidos en cientos de pequeños besos
alimentando gusanitos
y hojitas recién nacidas,
  arrulladas en hamaca dorada.

Seguirás siendo amante de las aves,

y naturaleza muerta

que vivifique al ocaso.

Sal lloró por

el intempestivo regreso a capullo

y fue mar

luego desbordó,

a casa entró escupiendo peces,

besos muertos,

aquí,

amó,

tanto

que fue tsunami su pasión

arrastró perros gatos semáforos

a los árboles que sacrificaban hojas para los libros,

mi ciudad todo sucumbió bajo su furia liquida.

Derrame ocular contenido

y hubo calma momentánea,

pero nunca fin,

sólo pausas,

ausencias,

fantasmas distractores,

olvidos necesarios,

así pasa cuando de Sal la humanidad se enamora

así pasa de puñado a pizca,

cuando sueña ser ola

y termina en crepitante espuma

de playa arena de sal

ahogada en su propia condición de tierra.

Fue su amor

atarraya,

trampa donde la víctima no intuye el cautiverio.

Fue ave que presiente el ardor en el ápex de las alas,

que observa el baile frenético del cardumen en el aire

y se arroja dentro,

por ello es normal que de vez en vez

le falte el aire

cuando rozan escamas como besos

pero se siente cómodo en la trampa.

El amor

como una atarraya, no atrapa

uno es quien se arroja a voluntad

a la quilla del barco tiburonero,

gustosos entramos

al zurrón

él da

dos vueltas al cerrojo,

no atrapa el amor

aguarda

se sienta al timón

y con suavidad

estira sus brazos para llenarse de mar

sólo espera

sólo

solo.

Azul fue primero

abuela, luego prostituta,

Con la mirada erguida de indígena argentada

recorría los cielos

blandiendo el mismo bastón de Dios

para sostener al mundo entero.

Cada noche llenaba con parábolas y pan tostado

el estómago de sus doce hijas.

Durante el día,

su voz de trueno convencía a la parvada descalza

de vaciar sus ollas repletas de hierba santa

y frijol negro,

ella prometía de postre dátiles,

rugelash, balawa,

pero nunca saboreamos más que el nombre

y la referencia calórica impresa

en los frascos hallados en la basura.

Azul fue primero fiesta, antes que bruja

y le bastaba un pedazo de "cuero mojado"

para volver sensata a la más loca de las locuras

¡Que veloz descargaba la paz de su látigo

en nuestro inocente odio¡

Nadie escapaba de su fiera herencia pedagógica

y entre sus benditas torturas

en cada lluvia secaba

con periódico usado nuestros despojos.

Azul fue verdad, después larva

aunque cada diciembre sobre nuestra casa de lámina

la estrella de Belén pasaba de largo para perderse

en el cuadrante de Casiopea

y entonces descubrimos trágicamente

la identidad secreta de los Reyes Magos

lo mismo con Santa Claus quien aterrizaba en el patio

del vecino en el mes de marzo.

Azul fue guerrillera, antes de ser mesera

y era capaz de mantenernos felices

aunque no soñáramos

tampoco dejó que nos despertaran

a media noche las pesadillas,

ella vivía su vida con intensas ganas

con las mismas que nosotros pedíamos

cinco minutos más en la cama.

La única muerte que conocimos

ocurría en su sartén

rebosante de iguanas,

de chapulines

de gusanos de maguey,

y con sus manos de loca madre,

la poca comida, la vida, todo se multiplicaba con la lluvia.

Ella que sabía muy bien del hambre,

nunca nos hizo escuchar la implosión del apetito.

El crepito de manteca era música, nuestra música en

inmensa fortuna y les juro por Dios

que mi abuela azul mariposa

en su inmenso amor de tormenta

y con su amoroso beso de loca madre

cada noche sigue llenando poco a poco

todos los huequitos que en nuestro corazón

han quedado pendiente de reparo.

Lo más cercano a

su encuentro fue lo más parecido a la hoguera.

Ceniza en la esquina del ventrículo derecho

en el enorme, ahora inútil,

pedazo de carne que te amaba

Blando es el tiempo de los recuerdos,

y es también metástasis del olvido.

Eres un monte de pellejos

dentro de un blanco vestido de seda,

así te alejas,

nosotras solas

y vos balanceando los senos con tristeza.

Hay un zumbido en

los oídos cuando en ellos el viento murmura,
un vértigo inexplicable al abandonar la casa.
y el hambre permanente que alivia cualquier vianda.

La vida es un cúmulo de hechos aislados
a veces iguales
que se confunden entre sí
como el amor y la causalidad
como la pasión y el hartazgo
cómo un orgasmo, un atraco,
tantas cosas que caben en tu bolso
cosas que estaban ahí antes de que tu llegarás
y otras que no existirán hasta que tú te vayas:
medio kilo de cenizas en la mortaja
o los zapatos de andar el cementerio.

Hay cosas que la vida
deja en la mesa de noche para usarlas
a pesar del insomnio

así la locura

así la palabra

el ser en el mundo

que en ocasiones,

es nada

o ser todo de alguien

y beber de un vacío vaso

esperando el momento

de regresar a casa

¿Y cómo se

defienden las mariposas:

con un jab

un swin

acaso con un uppercutn?

¿Se pondrán protector abdominal?

A veces la madre naturaleza

es un mal entrenador

y Dios padre

aguador colocado en la esquina

en la otra esquina del cuadrilátero,

cara a cara,

ella con guantes de cuero

él, que es un abuelo con cara de niño,

lleva un cinturón de oro

y una luz radiante sale de su frente.

¿Empezará con un directo,

un hook

o un chohet a la mandíbula?

Suena la campana (tin tin)

tres minutos serán la vida

ciento ochenta segundos dura la eternidad.

Sudor en la frente

dos pies que se apuntan con la misma punta

sudor en las axilas

¿Quién golpeará primero con la zurda?

(tin tin) otra recta,

esquiva

detiene

filrtea,

un gancho y el protector bucal salta cual diente de leche,

la mejilla en la lona

las luces

los jueces,

bestial decodificación de un "golpe de la vida",

no hay conteo,

un hilo de sangre

el sabor al paso de "leche a la carne" y viceversa.

¡De pie!

otro jab,

plexo mandíbula ceja,

y todo el cuerpo absorbe el bendito universo

y cae otra vez cual golpe seco en la superficie del agua.

No llegan a tiempo las campanas,

se pierde el badajo en el estallido de las cosas

y a los dos minutos cincuenta y nueve segundos

la mariposa muere

"estallamiento de vísceras",

pero dios es Dios

y la revive

-mariposas hay miles -dijo en una entrevista- pero,

no todas saben el rol de ser sparring.

¿Y como se defiendes las mariposas?

No lo sé, pero qué bueno que arriesgan la vida

de otra forma, no sabrían,

en un mundo de hombres

de la amorosa tibieza que se produce

en el fondo del útero

Se rehusó a

dejar el capullo

la suavidad que ofrece la tibieza obscura,

sus pequeñas manos se aferraron del cordón umbilical

como quien se ancla al pasado,

tiró fuertemente

pataleó cual fiera,

rasguño como loco el saco vitelino,

pero "las manos gigantes"

saben tratar a quien se niega abandonar el sueño,

una luz suele ser el inicio de la pesadilla

y útero llegó a su fin

cuando su cuello fue coronado

por las pinzas del silencio.

Ayer la

vi correr con rapidez hasta la orilla del techo

tres metros sobre la banqueta,

el cordel de su papalote se había roto

justo cuando logró,

con esa extensión de su mano derecha,

ser el primero en tocar el cielo.

Se rompió, así nomas

y eso fue muy extraño porque los niños

saben que se rompe un hueso, la cabeza, la nariz,

pero no esas conexiones de felicidad entre la infancia

y el azul infinito.

Ayer la vi

todos la vimos cuando el cordel se alejó con rapidez,

de ella el sueño y del papalote el fin de su existencia,

la vimos todos cuando el último centímetro

de su sombra

pisó la línea de viejas tejas azules

¡Vimos como tiemblan los papalotes

no de frío por entregarse a las nubes,

de miedo!

Un instante y caería al techo de cualquier otra casa

que no fuera donde había nacido.

Dos varas de madera cruda

tres pliegos de papel de china le dieron cuerpo

y el cordón umbilical,

hecho de cáñamo de tres hilazas,

le dieron sentido a su existencia.

¡No, no debería romperse a libre albedrio!

La ventisca de estío

le jugó un vuelco inesperado,

dos segundos de cabeza

le parecieron una eternidad.

Nuestro hermano papalote

pudo ver los colmillos de un feroz perro que esperaba

babeaba,

que olfateaba su miedo de regresar,

de ser un bello lienzo flotante de colores orientales,

a un simple trozo de papel para limpiar las heces.

Otra ventisca

y se asomó a una segunda muerte

dentro de la boca del horno del panadero.

De cualquier forma,

terminaría siendo abono para el césped.

Ayer la vi llorando ante la pérdida de su papalote morado, franjas rojas, barbas amarillas, potente su esqueleto, varas de madera fabricadas a punta de navaja y tres horas de lija. Nunca supimos cuantos metros de cordel había usado, pero yo sé, que fueron tres domingos de comer avena.

Y aquí la maravilla:

el papalote empezó a caer,

y en mi hermana la fiereza de sus ocho delgados años

le impregnaron a sus largas piernas

el vigor para impulsarse hacia el vacío,

corrió tan rápido

que a nadie le dio tiempo para decir nada

y entonces esa mujer voló tan alto

como las aves del paraíso

con la suavidad del mejor avión de papel

tan libre

como los canarios de la abuela

cuando quedó por accidente la puerta abierta,

la calle se iluminó con el brillo de sus ojos

se quedó flotando

en el aire de la eternidad de mi memoria.

Surgió una sonrisa triunfal

en su boca y su papalote

también sonreía con todas sus barbas abiertas

fueron un sol morado al atardecer,

ambos fueron dueños del viento

del aire y del tiempo.

Ayer la vi

con una mano ensangrentada por la fricción

del cordel sobre su palma

una rodilla hinchada

la cabeza vendada

pero sé que el dolor no le importó

cuando ella sintió que su papalote

con ese amor que solo brindan los hijos

la abrazaba.

Cuál vaso de

"arcoröt", se le quiebran los tranquilos días del exilio,

su mujer se asoma a la calle

e ilumina el sendero con su peineta de colores para que
él no se pierda,

ella alza un brazo

se extiende su sombra

y cobija a los transeúntes.

Él busca las llaves

presiente un vacío,

silba al ritmo de una frase interminable

"es fin de quincena"

y aletarga el giro en la muñeca mientras Sam en casa

atenta espera que alguien se equivoque de puerta,

ella sabe que los signos son ciertos:

el subir de zapatos por la escalera

el suspiro de diez segundos frente a su maceta...

ambos se han enamorado del ojo café

que espía por el ojillo de la puerta,

ella siempre espera que alguien toque

él, por segundos, se detiene afuera,

se abre el cerrojo en el piso de arriba

y todo empieza nuevamente a moverse.

Él empieza la cena

Sam toca el piano, ella sabe que él es policía

y le tiemblan las manos

y le es imposible terminar la melodía.

Ella golpea l teclado y rompe las cuerdas

Él calla el timbre

desgarra las cortinas

y tararea:

love suffers on the floor above

love suffers on the floor above

hasta que golpean el techo que también es piso

y todo el mundo para ella,

se calla.

Dios se la pasa

inventando cosas

para maravillarse de sí mismo

y de vez en vez

cuando observa las flores

las que nacen de la nada

se sorprende como si fuera un niño.

En verdad

es un chiquillo con barba larga

blanca y despeinada

que al cerrar los ojos para tomar una siesta

cada nuevo objeto regresa a su origen

e irremediablemente al despertar

inventa otro día

para no tener estrés y reacomodar todo.

Un santo día

hartado de construir galaxias a diario

creó la Tierra,

y se le pasó la mano con el agua

pero, juguetón, a dos terceras partes

le puso una pizca de sal

lo nombro "mar"

y no comió nada de ahí,

inventando así el ayuno

eso cambió la consistencia del santo abono

que modificó la materia prima

y con ello

el proceso de amasijar al hombre.

Dicen sus escribanos

que sus descalzos pies

anduvieron seis días sin parar

y por primera vez

se sintió cansado e inventó el Paraíso

y luego, se le ocurrió crear al primer felino,

ya había creado a otros felinos

en otras galaxias

pero a éste le pondría dos orejas

quizás seis u ocho bigotes

y así lo hizo,

coció sus entrañas a fuego lento

le apartó un lugar al final de la fila de colores

y lo pintó de un negro tan obscuro

que le regalo una mariposa del mismo color

para que jugara con él

y no se sintiera solo

entonces lo llamo:

"gato",

fue su creación preferida,

alguien algo por fin

le ganaba en eso de acumular berrinches

y caprichos.

Entonces vio Dios

que todo lo creado, hasta el momento

era bueno

y se fue

a seguir jugando a inventar otros mundos.

Antes de partir

le susurró al minino que era su mejor obra,

pero un pajarito nalgón

le dijo que en cada planeta,

decía lo mismo.

El gato se quedó inmóvil

al ver como su amo se desvanecía en el aire

la mariposa huyó

y al pajarito nalgón se lo merendó ese mismo día,

entonces decidió explorar su hábitat

descubrió lo alto de algunas montañas

la inmensidad del mar

pero nunca terminó de contar las estrellas en el cielo

y sí

se sintió muy solo,

buscó refugio junto a las caracolas

a los cangrejos

pero ninguno hablaba su idioma,

tremendamente enfurecido

con sus colmillos y garras

despanzurró a muchos frutos marinos

hasta formar con ayuda del viento cristales de arena

con ello la playa

y ahí

el gato murió por una indigestión.

Siglos después

los alquimistas hallaron sus huesos

escondidos en las cavernas de Kazajistán

el tiempo había puesto un poco de brillo a la carne

a la piel ahora hecha polvo

y un hechicero con esos restos inventó de oro

metal dorado que parecía tener vida propia

y perdió su control

soñaron sueños de coronas

dagas filosas cruzaron vientres hermanos

hubieron latigazos en los templos

se impregnaron de odio los pulmones de los avaros

surgió el papel moneda

el Fondo Monetario Internacional.

las prostitutas y por ende los tratantes de blancas.

Ese mismo polvo

Einstein lo utilizó para fabricar algunos juguetes

Carolina Herrera le agregó color y aroma

Borges, Yeats y Joyce lo escucharon con atención

para escribir sus silencios,

Ghandi...

Ghandi no hizo nada

Pedro Infante le cantó una serenata

Donald Trump lo mezcló con cemento

para levantar un muro

y cercar sus concursos de belleza.

La vida actual proviene de ese polvo

el polvo de la nada

y la nada de una estrella calcinada por el bigbang.

Entiendo ahora que el olvido celestial fue a propósito

para que los huesos del primer gato

diera brillo a las flores

a la luna

a las cajitas de madera

que rellenan con polvo de humano

los humanos

y rendir tributo al primer gato sobre la tierra

y... ¡esperen!

aún no les he contado acerca

de quién dio vida al segundo gato

y a toda su descendencia

pero eso es un misterio

que Dios revelara

en la siguiente creación.

Hay un tiempo

donde el agua pide tu regreso
al lugar donde un día fuiste arena
pequeño grano que refleja la luz.

Hay un tiempo donde la sal que curtió la carne
te llama,
ronronea al oído día y noche,
espuma que viene y va
con su abrazo efímero de mar
que salta como payaso de resorte
para aquel que no le conoce,
o que espera ansioso
por volver a ver a quien ya le es familiar
y en ambos casos
les regala un cálido abrazo de amigos diciendo
"al fin has vuelto,
te esperaba inquieto".
En un día, el hombre llena su alma
de cangrejos bajo el sol
y al anochecer

regresa a su casa de playa

a planear otro encuentro con su hermana arena.

El agua salada está hecha de olas, de sal

no tiene más tarea que extrañarte,

y luego cuando tu no regreses

te confundirá con alguien más

a quien también le hará detener

en su reloj de arena

el correr del tiempo.

El fin de

la lluvia es oxidar todo a su paso

las humildes casas

los autos compactos.

Con efímera carrera

atraviesa con estrépito el camposanto

remueve criptas

deja lodo en los floreros

despierta a los gusanos,

los vados se convierten en trampas de arena chiclosa

característica que brinda la ceniza de los muertos.

Las "cortinas de agua" derriban cables de energía

y todo queda en penumbras,

El fin de la lluvia,

frágil trazo de la vía láctea,

es vestir de migración a los pájaros de la tarde

ahuyentar las mariposas de los arbustos,

es hacer mirarme los pies

y el rostro en los charcos

estirar mi cuello y sacar la lengua

beberme el cielo.

saborear lo insignificante que somos

en este pedacito de universo

donde me sujeto fuertemente

a un pellejito de un dedo de Dios,

cada día.

La misión de

la arena es cubrir a todos los que se creen sus dueños,

ella calcula el peso de los cuerpos

y espera el justo momento

para hundirlos sin posibilidad de escape

ya sea un caracol

un lobo

un cactus

un auto compacto con sus cinco tripulantes,

o aquella mujer con un cuchillo enterrado en el pecho.

La arena no necesita ser tormenta

para cegar al caminante

no necesita fundirse para ser cristal

y dar visión a los gusanos

no necesita ser tormenta para formar montañas

no necesita ser arena para abrazar a la arena

no necesita ser *movediza* para saber qué

un día todos y todo

estará inevitablemente

cubierto por su rasposo abrazo.

Aurora frágil pliegue

extensión de la vía láctea,

nubes

migración de pájaros brillosamente blancos

ambos

acompañan cada tarde

a los ángeles de mármol

que extienden sobre ti sus alas.

amanecer

ausencia de alba

pedacito de noche que anuncia la noche.

No estás ya tú aquí,

niña de treinta años

jugando a mirar su rostro en los charcos

mocosa que usa lodo en vez de zapatos

chamaca que gana "los encantados"

no queda de eso nada,

eres ahora, luz halógena de cien watts, permanentes

y pronto serás nube

gusano   mármol   ave

         incienso   lluvia

         pan de muerto

lodo   llanto   recuerdo

universo

luz que ilumine al cementerio

y esa foto con marco de flores

para envidia de todos porque

serías el único rostro en la familia

que dejará de envejecer.

¿Quién puede nombrar

al tiempo cuando los ruidos en tu pecho

ya no silban,

se lamentan?

¿Quién puede explicar los dolores del corazón

si cansados de esperar remedio,

se trasladan a los intestinos?

¿Quién nos dice que pregunta se debe hacer

frente a esta forma tan extraña

de arrebatarse de una sola vez

todo el color

todo el amor que se lleva dentro?

No hay respuestas,

de nuevo el silencio

es lo único que se obtiene

en cada derrota.

Muerte no

es un vocablo Kosher
tampoco "sangre" es verbo
ni poesía.

Cae en la

tarde una lluvia de pájaros

ensordece el aleteo de cientos de pequeñas nubes,

vómito negro que se nos viene encima.

¡Ven,

ven pronto a detener el ruido

coloca en mis oídos

un tapón de flores que filtre los graznidos!

¿Qué dices?

No te escucho

¿Qué has estado encarcelada?

No hay marcas de tortura en tu espalda

¿Qué has borrado la línea de la vida de tus manos?

Nunca vi que tuvieras una

¿No adviertes cuando te guiñan el ojo las estatuas?

Todos tenemos premoniciones

¿Que cebo usaste para unir tus alas?

¿Ícaro te llaman?

Furtivo tu vuelo

que escupe plumas en todas direcciones.

Ven

regresa

nosotros

los pájaros negros

necesitamos que hagas llover nuevamente.

Los surcos en

tus manos se han llenado de silencio,

dejaron de rechinan tus rodillas

ya no crujen las cucarachas cuando

encuentran tus zapatos.

¿Que ruido harás?

¿Que señales darás para saber que estas cerca?

¡Vaya remedio casero

que inventaste para acabar con la migraña!

Aclaraste la garganta de un tajo para vomitar

el sabor amargo de las medicinas.

Se agradece la nota

las flores muertas

en infusión

dan vida y remedian todos los males,

bueno casi todos:

la ausencia no tiene cura

Hoy tuve un

deja–vu complejo:

la extraña composición de tu presencia

se unió a una sensación de vacío,

de ti, me protegeré dos veces:

primero

del arcoíris que emanas a cada paso

      (*al principio*

      eran solo veredas monocromáticas

      que no llamaban la atención de nada

      ni de nadie)

y segunda: de la austeridad que se refleja

en la correosa estructura de tu nueva superficie

en tus callosas manos tan frías como tus dedos gordos.

La desolación abraza dos veces en un instante,

en ese inoportuno ataque feroz de recuerdos

y en el implacable vacío

que significa ahora para la palabra "futuro".

La lluvia no

existe

es un gran charco que viaja rápidamente en mil pedazos

y de vez en cuando nos toma por sorpresa.

El amanecer no existe

la calurosa noche al terminar su ronda

nos regala un pico febril para hacernos entender

que un día seremos polvo.

El amor no existe

la confusión y el dolor conspiran entre si

miles de bromas que nos harán sentir muy bien.

Nada existe entre nosotros.

acércate sin miedo para jugar al ciclope,

un solo ojo bastara para ver las manos abrir

y juntar la lluvia.

Al final de

la lluvia
el agua corroe todo a su paso
las humildes casas
los autos compactos,
en desquiciada carrera al río
atraviesa con estrépito el camposanto
remueve criptas
deja lodo en los floreros
despierta a los gusanos.

Al final de los truenos
el agua deja ríos pútridos,
trampas de arena fosforescente
característica que brinda la ceniza de los muertos
pero no detienen a los chiquillos que saltan
cual fieras a la calle
que en extraña competencia
recogen dientes,
molares
e incisivos

rótulas,

meniscos,

no es difícil pensar que más de un ancestro

o de un vecino

se encuentra protegido, de nuevo, por esas pequeñas
manos

como recién muerto

o recién parido

y no esparcido en la calle a la buena de Dios,

y por seguridad es que

los pueblerinos usamos caites, chanclas, trapajales,

nunca andamos descalzos

alguien podría enterrarse una astilla de cráneo

o de costilla.

en la planta del pie

En mi pueblo los fuereños son fácilmente identificados

caminan sin mirar abajo,

usan botas, medias botas o botines de tacones muy altos

prefieren el mal olor del plástico vulcanizado

que exfoliarse los pies con nuestros antepasados.

Al final

si la lluvia es mucha

no sana

si es poca

no ayuda en nada,

en esto pienso cada mañana al regresar del rio

y observo a los chiquillos

jugar matatena con humanos huesitos

trato de adivinar quien de ellos perderá su plata

al apostar los descarnados dedos

de alguna de esas mujeres en el pueblo enterradas

que de tanto y tanto rascar la arena

perdieron la carne en sus falanges,

todo su peso

y su poca suerte.

Epilogo

uno

El día menos indicado

un ave desplumada pica mi mano

se vuelve loca,

ella no busca

no espera,

una rabieta

una pirueta y ¡zaz!

invoca la tormenta,

ella arriba yo abajo

juntos vemos todo,

el universo por ejemplo.

Intercambio de miradas

y semillas disueltas en saliva.

Con hilos de sol seca los hilos de su ropa de manta,

un sostén

un vaivén,

todo queda en ruinas.

dos

¡Carámba,

no hay recuerdos del primer encuentro!

solo besos en el atrio de la iglesia,

mi mano en su trasero,

solo eso.

tres

Espera, encontré un recuerdo:

la lluvia,

Lucrecia, la lluvia

calor

 y humedad

la final de la Champions

un goooooool sabe diferente con besos de colores

(muchos testigos,

muchos gritos,

muchos abrazos)

y la mano tu mano mi mano

un ano, nuestra área chica.

Perdí de vista las aventuras de tu corta vida

tu corta versión para conquista,

y ¿quién ganó la copa?

no lo sé,

quizás tu apuesta fue mejor tu apuesta,

mi copa

sigue vacía.

cuatro

Nunca fuimos buenos amantes
solo clientes frecuentes
eso fuimos
dos en un mismo espejo colgado del techo.

El vaho del infierno surgía de cualquier llave,
y cerrábamos las cortinas
para no dejar escapar las nubes.

La tina fue al inicio pequeña alberca,
al final, nuestro mar, más salado que el mar muerto
tan obscuro
tan frio
tan tú,
tan...
cada última vez
la transformabas en el siguiente primer paso.

cinco

¡Espera, hallé otro recuerdo:

un ParkTrailer!

Los motores a diésel ronronean

con los decibeles justos

para el juego del ahogado bajo tu falda,

–No me regales rosas, –dijiste –prefiero

media hora de tu tiempo

en el estacionamiento de una gasolinera.

Deberían tener los amantes

una estación de diésel propia y decir:

–¿Me llena a *full* el tanque de la vida?

Gracias.

Contenido

Este material se diseñó y editó para su distribución electrónica y
física, en los talleres de KeyWordsBooks & Helder-Bioffe editores
y ubicadas en calle Provenzal 388-08025 Barcelona. Se observará
en físico, papel couché barnizado de 300gr en la portada, papel
satinado rojo 215gr para guardas y papel bond grafilado y
ahuesado de 75 gramos al 80% en su brillo para el interior. La
revisión estuvo a cargo de Rodrigo Stealder y autor.